Gianfranco Vianello

NOVENA DE
NOSSA SENHORA
DOS ANJOS

Paulinas

Dados Internacionais de Catalogação na Publicação (CIP)
Angélica Ilacqua CRB-8/7057

Vianello, Gianfranco

Novena de Nossa Senhora dos Anjos / Gianfranco Vianello. -- São Paulo : Paulinas, 2024.

40 p. (Confia em Deus)

ISBN 978-65-5808-262-0

1. Igreja Católica – Orações e devoções 2. Maria, Virgem, Santa – Orações e devoções 3. Novenas I. Título II. Série

24-0025   CDD 242.72

Índice para catálogo sistemático:

1. Igreja Católica – Orações e devoções

Direção-geral: *Ágda França*
Editora responsável: *Marina Mendonça*
Copidesque: *Ana Cecilia Mari*
Revisão: *Mônica Elaine G. S. da Costa*
Gerente de produção: *Felício Calegaro Neto*
Capa e diagramação: *Elaine Alves*
Imagem da capa: *igrejadoscapuchinhos.org.br. e freepik.com*

1ª edição – 2024

Nenhuma parte desta obra poderá ser reproduzida ou transmitida por qualquer forma e/ou quaisquer meios (eletrônico ou mecânico, incluindo fotocópia e gravação) ou arquivada em qualquer sistema ou banco de dados sem permissão escrita da Editora. Direitos reservados.

Paulinas

Rua Dona Inácia Uchoa, 62
04110-020 – São Paulo – SP (Brasil)
Tel.: (11) 2125-3500
paulinas.com.br / editora@paulinas.com.br
Telemarketing e SAC: 0800-7010081

© Pia Sociedade Filhas de São Paulo – São Paulo, 2024

Introdução

O plano de Deus para Maria

"Bendito seja Deus e Pai de Nosso Senhor Jesus Cristo, o qual, no alto dos céus, nos abençoou com toda a sorte de bênçãos espirituais em Cristo" (Ef 1,3). Estas palavras da Carta aos Efésios revelam o eterno desígnio de Deus Pai, o seu plano de salvação do homem em Cristo. É um plano universal, concernente a todos os homens criados à imagem e semelhança de Deus (cf. Gn 1,26).

Ele compreende em si todos os homens, mas reservou um lugar singular à "mulher", aquela que foi a Mãe daquele a quem o Pai confiou a obra da salvação. Como explana o Concílio Vaticano II, "Maria encontra-se já profeticamente delineada na promessa da vitória sobre a serpente, feita aos primeiros pais caídos no pecado", segundo o Livro do Gênesis (cf. 3,15). "Ela é, igualmente, a Virgem que conceberá e dará à luz um Filho, cujo nome será Emanuel."

A saudação e a designação "cheia de graça" do anjo Gabriel nos transmitem tudo isso, mas, no contexto do anúncio do Anjo, referem-se, em primeiro lugar, *à eleição de Maria como Mãe do Filho de Deus*. Todavia, a plenitude de graça indica, ao mesmo tempo, toda a profusão de dons sobrenaturais com os quais Maria é beneficiada em relação com o fato de ter sido escolhida e destinada para ser Mãe de Cristo. Se essa eleição é fundamental para a realização dos desígnios salvíficos de Deus a respeito da humanidade e se a escolha eterna em Cristo e a destinação para a dignidade de filhos adotivos se referem a todos os homens, então a eleição de Maria é absolutamente excepcional e única. Daqui derivam também a singularidade e a unicidade do seu lugar no mistério de Cristo (*Redemptoris Mater* 1).

A origem

O título de Nossa Senhora tem sua origem com os franciscanos. A Ordem franciscana é proprietária da Basílica de Santa Maria dos Anjos, situada em Assis, na Itália. Nessa Basílica, fica a capela da Porciúncula, onde São Francisco faleceu. Aí é considerado o lugar onde foi fundada a Ordem.

Ninguém sabe com certeza qual a origem da capela. Diz a tradição que um grupo de peregrinos, que voltava da Terra Santa, a teria construído. Conta-se também que, quando os fiéis se reuniam ali para rezar, eles podiam ouvir o coro dos anjos, motivo pelo qual a capela foi chamada de "Capela Porciúncula", que significa "pedacinho". Esse nome foi dado por causa dos beneditinos que viveram ali antes de se instalarem no Monte Subásio. Eles deram uma pequena porção de terra aos peregrinos para o cumprimento de suas obrigações monásticas.

Nesse local, São Francisco recebeu a indulgência do "Dia do Perdão", comemorado todos os anos em 2 de agosto. Até hoje, é uma das festas mais importantes para a Ordem franciscana. Muito tempo depois, o Papa Pio XII estendeu a indulgência para toda a Igreja Católica.

A predileção de São Francisco por Santa Maria dos Anjos, da Porciúncula

Na Porciúncula, observava-se uma disciplina mais rígida, tanto no silêncio e no trabalho quanto em todas as outras práticas regulares dos frades. "Ninguém podia entrar, a não ser frades especialmente designados que, reunidos de todas as partes, o santo queria que fossem verdadeiramente devotados a Deus e perfeitos em tudo. Para todas as pessoas seculares, a entrada estava absolutamente fechada. Não queria que os frades que lá moravam, limitados a um certo número, poluíssem seus ouvidos com os relacionamentos dos seculares, para não deixarem a meditação das coisas celestes, arrastados para coisas inferiores pelos espalhadores de boatos."

"Nesse lugar, ninguém podia dizer coisas ociosas nem narrar as que tinham sido contadas por outros. Quando isso acontecia, aplicava-se ao culpado, para correção, uma pena salutar. Os que ali moravam ocupavam-se, dia e noite, com os louvores divinos, levando uma vida angelical, cujo perfume admirável se espalhava por toda parte."[1] O local era muito apropriado para semelhante vivência de fé e de santidade, pois, conforme diziam os antigos moradores, também se chamava Santa Maria dos Anjos.

São Francisco dizia que lhe tinha sido revelado por Deus que Nossa Senhora tinha uma particular predileção por aquele lugar, entre todas as outras igrejas construídas no mundo em sua

---

[1] \<https://blog.cancaonova.com/tododemaria/a-historia-de-nossa-senhora-dos-anjos/#sdfootnote8sym\>.

honra. Por isso, o santo gostava mais dali que de outras igrejas.

A vida chegando ao fim

O Pobre de Assis, no final de sua vida terrena, dois anos depois de receber os estigmas sagrados e vinte anos após sua conversão, "trabalhado sob os golpes redobrados das angústias e enfermidades, como pedra destinada a entrar na construção da Jerusalém celeste, batido pelo martelo de múltiplas tribulações, devia ser elevado ao cume da perfeição".[2]

Percebendo que se aproximava o fim de sua vida aqui na terra, Francisco pediu que o conduzissem a Santa Maria dos Anjos, na Porciuncula, a fim de exalar o seu último suspiro naquele lugar onde anos antes recebera tão abundantemente os dons do Espírito. São Francisco de Assis tinha um amor indizível pela Mãe de Cristo, porque fez nosso Irmão o Senhor da majestade. O Pobre de Assis consagrava à Virgem dos Anjos louvores especiais, orações, afetos, tantos e tais que nenhuma língua humana poderia contar.

---

[2] <https://blog.cancaonova.com/tododemaria/a-historia-de-nossa-senhora-dos-anjos/#sdfootnote9sym>.

Para a grande alegria dos franciscanos, o servo dos leprosos constituiu Nossa Senhora como Advogada de sua Ordem e, à sua proteção e guia, confiou, até o fim, os filhos que iria deixar.

1º DIA

Maria, na comunhão dos santos

Em nome do Pai, do Filho e do Espírito Santo. Amém.

Oração inicial

Ó Nossa Senhora dos Anjos, Virgem gloriosa e resplendente entre os anjos e santos, na íntima comunhão com a Santíssima Trindade, olha o caminho desta comunidade e da Igreja toda. Nós, peregrinos rodeados de perigos e dificuldades, precisamos ser conduzidos à pátria feliz. Tu conheceste alegrias e dores ao seguir o teu Filho Jesus nas suas peregrinações para semear a vida e o Reino do céu. Por tua intercessão, querida Mãe, pede ao teu amado Filho a graça da saúde aos doentes, o consolo aos tristes, o perdão aos pecadores. Por isso, agradeço-te, Virgem Mãe de Jesus e nossa, Senhora dos Anjos e Rainha do mundo. Sejas bendita para sempre.

Texto bíblico

"Quando veio a plenitude dos tempos, Deus enviou seu Filho, que nasceu de uma mulher e nasceu submetido a uma Lei, a fim de remir os que estavam sob a Lei, para que recebêssemos a sua adoção" (Gl 4,4-5).

Documento da Igreja

A Virgem Maria, "'remida de um modo mais sublime, em atenção aos méritos de seu Filho', ela tem também aquele papel, próprio da Mãe, de medianeira de clemência, *na vinda definitiva*, quando todos os que são de Cristo forem vivificados e quando 'o último inimigo a ser destruído será a morte' (1Cor 15,26). Com tal exaltação da 'excelsa Filha de Sião' mediante a Assunção ao céu, está conexo o mistério da sua glória eterna. A Mãe de Cristo, efetivamente, foi glorificada como 'Rainha do universo'. Ela que, na altura da Anunciação, se definiu 'serva do Senhor', permaneceu fiel ao que este nome exprime durante toda a vida terrena, confirmando desse modo ser uma verdadeira 'discípula' de Cristo" (*Redemptoris Mater* 3).

Oração final

Ó Deus, autor de tantas maravilhas, que fizestes a Virgem Maria participar, em corpo e alma, da glória celeste de Cristo, conduzi à mesma glória os corações de vossos filhos e filhas.

Nossa Senhora dos Anjos, Mãe amadíssima, escuta a minha súplica e mostra o caminho para o céu a mim, peregrino na terra. Amém.

Pai-Nosso, Ave-Maria, Glória.

Nossa Senhora dos Anjos, rogai por nós.

2º DIA

Maria, Virgem do Silêncio

Em nome do Pai, do Filho e do Espírito Santo. Amém.

Oração inicial

Ó Nossa Senhora dos Anjos, Virgem gloriosa e resplendente entre os anjos e santos, na íntima comunhão com a Santíssima Trindade, olha o caminho desta comunidade e da Igreja toda. Nós, peregrinos rodeados de perigos e dificuldades, precisamos ser conduzidos à pátria feliz. Tu conheceste alegrias e dores ao seguir o teu Filho Jesus nas suas peregrinações para semear a vida e o Reino do céu. Por tua intercessão, querida Mãe, pede ao teu amado Filho a graça da saúde aos doentes, o consolo aos tristes, o perdão aos pecadores. Por isso, agradeço-te, Virgem Mãe de Jesus e nossa, Senhora dos Anjos e Rainha do mundo. Sejas bendita para sempre.

Texto bíblico

"Quando um profundo silêncio envolvia todas as coisas, e a noite chegava ao meio de seu curso, vossa palavra todo-poderosa desceu dos céus e do trono real, e, qual um implacável guerreiro, arremessou-se sobre a terra condenada à ruína" (Sb 18,14-15).

Documento da Igreja

"A Deus que revela é devida a 'obediência da fé' (Rm 16,26; cf. Rm 1,5; 2Cor 10,5-6); pela fé, o homem entrega-se total e livremente a Deus, oferecendo 'a Deus revelador o obséquio pleno da inteligência e da vontade' e prestando voluntário assentimento à sua revelação. Para prestar essa adesão da fé, são necessários a prévia e concomitante ajuda da graça divina e os interiores auxílios do Espírito Santo, o qual move e converte a Deus o coração, abre os olhos do entendimento, e dá 'a todos a suavidade em aceitar e crer na verdade'. Para que a compreensão da revelação seja sempre mais profunda, o mesmo Espírito Santo aperfeiçoa sem cessar a fé mediante os seus dons" (*Dei Verbum* 5).

Oração final

Nossa Senhora dos Anjos, tu que recebeste no silêncio profundo do teu coração o anúncio do anjo Gabriel, de te tornar Mãe de Jesus, ajuda-nos a cultivar em nossa vida aquele espaço da nossa interioridade, capaz de ouvir a voz do Espírito Santo que nos impulsiona a romper as nossas fechaduras para ir ao encontro dos necessitados, dos doentes, dos sofridos. Nossa Senhora dos Anjos, acompanha-nos na travessia do deserto da vida, iluminando nossos passos para escolher o bem e a justiça. Amém.

Pai-Nosso, Ave-Maria, Glória.

Nossa Senhora dos Anjos, rogai por nós.

3º DIA

Maria, Virgem da Humanidade

Em nome do Pai, do Filho e do Espírito Santo. Amém.

Oração inicial

Ó Nossa Senhora dos Anjos, Virgem gloriosa e resplendente entre os anjos e santos, na íntima comunhão com a Santíssima Trindade, olha o caminho desta comunidade e da Igreja toda. Nós, peregrinos rodeados de perigos e dificuldades, precisamos ser conduzidos à pátria feliz. Tu conheceste alegrias e dores ao seguir o teu Filho Jesus nas suas peregrinações para semear a vida e o Reino do céu. Por tua intercessão, querida Mãe, pede ao teu amado Filho a graça da saúde aos doentes, o consolo aos tristes, o perdão aos pecadores. Por isso, agradeço-te, Virgem Mãe de Jesus e nossa, Senhora dos Anjos e Rainha do mundo. Sejas bendita para sempre.

Texto bíblico

"Junto à cruz de Jesus estavam de pé sua mãe, a irmã de sua mãe, Maria, mulher de Cléofas, e Maria Madalena. Quando Jesus viu sua mãe e perto dela o discípulo que amava, disse à sua mãe: 'Mulher, eis aí teu filho'. Depois disse ao discípulo: 'Eis aí tua mãe'. E, dessa hora em diante, o discípulo a recebeu como sua mãe" (Jo 19,25-27).

Documento da Igreja

"As alegrias e as esperanças, as tristezas e as angústias dos homens de hoje, sobretudo dos pobres e de todos aqueles que sofrem, são também as alegrias e as esperanças, as tristezas e as angústias dos discípulos de Cristo; e não há realidade alguma verdadeiramente humana que não encontre eco no seu coração. Porque a sua comunidade é formada por homens que, reunidos em Cristo, são guiados pelo Espírito Santo na sua peregrinação em demanda do Reino do Pai, e receberam a mensagem da salvação para a comunicar a todos. Por este motivo, a Igreja sente-se real e intimamente ligada ao gênero humano e à sua história" (*Gaudium et Spes* – Proêmio).

Oração final

Nossa Senhora dos Anjos, que recebeste do teu Filho, aos pés da cruz, a humanidade toda na pessoa do Apóstolo João, socorre os teus filhos apreensivos e inseguros, abandonados na beira das estradas e afastados das próprias famílias, longe da pátria e da Igreja. E consola, ilumina, conduz os passos de cada um deles ao encontro de Jesus, teu amado Filho. E, a nós que te invocamos como Nossa Senhora dos Anjos, aumenta a nossa fé. Amém.

Pai-Nosso, Ave-Maria, Glória.

Nossa Senhora dos Anjos, rogai por nós.

4º DIA

Maria, Virgem fiel

Em nome do Pai, do Filho e do Espírito Santo. Amém.

Oração inicial

Ó Nossa Senhora dos Anjos, Virgem gloriosa e resplendente entre os anjos e santos, na íntima comunhão com a Santíssima Trindade, olha o caminho desta comunidade e da Igreja toda. Nós, peregrinos rodeados de perigos e dificuldades, precisamos ser conduzidos à pátria feliz. Tu conheceste alegrias e dores ao seguir o teu Filho Jesus nas suas peregrinações para semear a vida e o Reino do céu. Por tua intercessão, querida Mãe, pede ao teu amado Filho a graça da saúde aos doentes, o consolo aos tristes, o perdão aos pecadores. Por isso, agradeço-te, Virgem Mãe de Jesus e nossa, Senhora dos Anjos e Rainha do mundo. Sejas bendita para sempre.

Texto bíblico

"Tendo eles [os apóstolos] orado, tremeu o lugar onde estavam reunidos. E todos ficaram repletos do Espírito Santo, continuando a anunciar com intrepidez a Palavra de Deus" (At 4,31). "Ou não sabeis que o vosso corpo é templo do Espírito Santo, que habita em vós, o qual recebestes de Deus e que, por isso mesmo, já não vos pertenceis?" (1Cor 6,19).

Documento da Igreja

"Pois Maria, que entrou intimamente na história da salvação, e, por assim dizer, reúne em si e reflete os imperativos mais altos da nossa fé, ao ser exaltada e venerada, atrai os fiéis ao Filho, ao seu sacrifício e ao amor do Pai. [...] Exaltada por graça do Senhor e colocada, logo a seguir a seu Filho, acima de todos os anjos e homens, Maria, que, como Mãe Santíssima de Deus, tomou parte nos mistérios de Cristo, é com razão venerada pela Igreja com culto especial e honrada com o título de 'Mãe de Deus'" (*Lumen Gentium* 65-66).

Oração final

Nossa Senhora dos Anjos, contemplando a tua santidade misteriosa, tu que, com integridade e pureza, guardaste a Palavra do teu Filho Jesus, conserva em nós integra a fé, sólida a esperança e sincera a caridade. Pedimos-te a graça da misericórdia, a saúde do corpo, a pureza da alma; que nossos pensamentos, nossas palavras e ações manifestem a ternura e a proximidade do teu coração, que se tornou tabernáculo puríssimo da presença do Redentor nosso e sacrário do Espírito Santo.

Pai-Nosso, Ave-Maria, Glória.

Nossa Senhora dos Anjos, rogai por nós.

5º DIA

Maria, ternura da humanidade

Em nome do Pai, do Filho e do Espírito Santo. Amém.

Oração inicial

Ó Nossa Senhora dos Anjos, Virgem gloriosa e resplendente entre os anjos e santos, na íntima comunhão com a Santíssima Trindade, olha o caminho desta comunidade e da Igreja toda. Nós, peregrinos rodeados de perigos e dificuldades, precisamos ser conduzidos à pátria feliz. Tu conheceste alegrias e dores ao seguir o teu Filho Jesus nas suas peregrinações para semear a vida e o Reino do céu. Por tua intercessão, querida Mãe, pede ao teu amado Filho a graça da saúde aos doentes, o consolo aos tristes, o perdão aos pecadores. Por isso, agradeço-te, Virgem Mãe de Jesus e nossa, Senhora dos Anjos e Rainha do mundo. Sejas bendita para sempre.

Texto bíblico

"Três dias depois, celebravam-se bodas em Caná da Galileia, e achava-se ali a mãe de Jesus... e os seus discípulos. Como viesse a faltar vinho, a mãe de Jesus disse-lhe: 'Eles já não têm vinho'. Respondeu-lhe Jesus: 'Mulher, que queres de mim? Minha hora ainda não chegou'. Disse, então, sua mãe aos serventes: 'Fazei o que ele vos disser'. Jesus ordena-lhes: 'Enchei as talhas de água!' '[...] Tu guardaste o vinho bom até agora'" (Jo 2,1-11).

Documento da Igreja

"A Virgem Santíssima, predestinada para Mãe de Deus desde toda a eternidade... concebendo, gerando e alimentando a Cristo, apresentando-o ao Pai no templo, padecendo com ele quando agonizava na cruz, cooperou de modo singular, com a sua fé, esperança e caridade, na obra do Salvador, para restaurar nas almas a vida sobrenatural. Por isso ela é nossa mãe, na ordem da graça, [...] até à consumação eterna, de todos os eleitos. Por isso, a Virgem é invocada na Igreja com os títulos de advogada, auxiliadora, socorro, medianeira" (*Lumen Gentium* 61-62).

Oração final

Nossa Senhora dos Anjos, bendita entre todas as mulheres da terra, concede que caminhemos sempre à luz da tua presença, faze que sempre aspiremos aos bens do alto, leva-nos a saciar nossa sede de justiça na fonte da água viva que nos deste em Jesus, Filho teu e nosso irmão, amigo de todos os seres humanos, que veio para nos salvar, abrindo nossos olhos à "beata esperança para nós reservada no céu" (Cl 1,5).

Pai-Nosso, Ave-Maria, Glória.

Nossa Senhora dos Anjos, rogai por nós.

6º DIA

Maria, intercessora do povo

Em nome do Pai, do Filho e do Espírito Santo. Amém.

Oração inicial

Ó Nossa Senhora dos Anjos, Virgem gloriosa e resplendente entre os anjos e santos, na íntima comunhão com a Santíssima Trindade, olha o caminho desta comunidade e da Igreja toda. Nós, peregrinos rodeados de perigos e dificuldades, precisamos ser conduzidos à pátria feliz. Tu conheceste alegrias e dores ao seguir o teu Filho Jesus nas suas peregrinações para semear a vida e o Reino do céu. Por tua intercessão, querida Mãe, pede ao teu amado Filho a graça da saúde aos doentes, o consolo aos tristes, o perdão aos pecadores. Por isso, agradeço-te, Virgem Mãe de Jesus e nossa, Senhora dos Anjos e Rainha do mundo. Sejas bendita para sempre.

Texto bíblico

"E Maria disse: 'Minha alma engrandece o Senhor, meu espírito exulta em Deus, meu Salvador, porque olhou para a humilhação de sua serva. O Todo-poderoso fez grandes coisas em meu favor... Agiu com a força de seu braço, dispersou os orgulhosos. Derrubou do trono os poderosos e exaltou os humildes. Saciou de bens os famintos e despediu de mãos vazias os ricos. Socorreu Israel, seu servo, lembrado de sua misericórdia...'" (Lc 1,46-55).

Documento da Igreja

A caminhada da Igreja implica empenho renovado na própria missão, segundo aquele que disse de si: "(Deus) mandou-me a *anunciar aos pobres a boa-nova*" (cf. Lc 4,18); a Igreja tem procurado, de geração em geração, e procura ainda hoje cumprir esta mesma missão. O seu *amor preferencial pelos pobres* acha-se admiravelmente inscrito no *Magnificat* de Maria. Maria está profundamente impregnada do espírito dos 'pobres de Javé' [...]. Ela, na verdade, proclama o advento do mistério da salvação, a vinda do 'Messias dos pobres' (cf. Is 11,4; 61,1)" (*Redemptoris Mater* 37).

Oração final

Nossa Senhora dos Anjos, Virgem santa e imaculada, não sabemos com que louvor poderíamos engrandecer-te, pois de tu recebemos Jesus, Salvador e Redentor nosso. As lágrimas dos povos humilhados e cansados pela injustiça e pobreza, que sofrem, ainda hoje, por causa dos poderosos e dos desinteressados, gritam ao céu. Para nós, também ressoa a palavra de Deus dita a Moisés: "Eu vi a miséria do meu povo, ouvi o seu clamor, conheço as suas angústias" (Ex 3,7), o que faz com que também nós aceitemos o convite para ir ao encontro e em ajuda dos nossos irmãos e irmãs.

Pai-Nosso, Ave-Maria, Glória.

Nossa Senhora dos Anjos, ajuda-nos!

7º DIA

Maria, intercessora do perdão

Em nome do Pai, do Filho e do Espírito Santo. Amém.

Oração inicial

Ó Nossa Senhora dos Anjos, Virgem gloriosa e resplendente entre os anjos e santos, na íntima comunhão com a Santíssima Trindade, olha o caminho desta comunidade e da Igreja toda. Nós, peregrinos rodeados de perigos e dificuldades, precisamos ser conduzidos à pátria feliz. Tu conheceste alegrias e dores ao seguir o teu Filho Jesus nas suas peregrinações para semear a vida e o Reino do céu. Por tua intercessão, querida Mãe, pede ao teu amado Filho a graça da saúde aos doentes, o consolo aos tristes, o perdão aos pecadores. Por isso, agradeço-te, Virgem Mãe de Jesus e nossa, Senhora dos Anjos e Rainha do mundo. Sejas bendita para sempre.

Texto bíblico

"Das profundezas, clamo a vós, Senhor; Senhor, ouvi o meu grito. Que vossos ouvidos estejam atentos à voz de minha súplica. Se fazeis conta das faltas, quem poderá subsistir? Mas em vós se encontra o perdão, eu vos temo e em vós espero. Minha alma espera no Senhor, mais que o vigia pela aurora. Pois no Senhor se encontra a graça e copiosa redenção. Ele vai libertar Israel de todas as suas iniquidades" (Sl 129).

Documento da Igreja

"A cruz é como que um toque do amor eterno nas feridas mais dolorosas da existência terrena do homem. [...] Maria, portanto, *é aquela que conhece mais profundamente o mistério da misericórdia divina*. Conhece o seu preço e sabe quanto é elevado. [...] Deste amor 'misericordioso' [...] participava de modo singular e excepcional o coração daquela que foi a Mãe do Crucificado e do Ressuscitado. Nela e por meio dela, o mesmo amor não cessa de revelar-se na história da Igreja e da humanidade [...] no singular tato do seu coração materno, na sua sensibilidade particular e na sua especial capacidade para atingir todos aqueles que *aceitam mais facilmente o amor misericordioso da parte de uma mãe*" (*Dives in Misericordia* 8-9).

Oração final

Nossa Senhora dos Anjos, Mãe nossa, volve a nós os teus olhos misericordiosos, cheios de luz e de graça. Espelho gerador da santidade divina, que leva nos olhos o amor misericordioso do teu Filho Jesus, lembra-te de que foi dito a toda criatura: "tu és precioso a meus olhos, porque eu te aprecio e te amo" (Is 43,4). Intercede por nós, Virgem puríssima, para que Deus nos conceda de viver mais profundamente o mistério da Igreja, sacramento eficaz da salvação.

Pai-Nosso, Ave-Maria, Glória.

Nossa Senhora dos Anjos, rogai por nós.

8º DIA

Maria, evangelizadora de todas as gerações

Em nome do Pai, do Filho e do Espírito Santo. Amém.

Oração inicial

Ó Nossa Senhora dos Anjos, Virgem gloriosa e resplendente entre os anjos e santos, na íntima comunhão com a Santíssima Trindade, olha o caminho desta comunidade e da Igreja toda. Nós, peregrinos rodeados de perigos e dificuldades, precisamos ser conduzidos à pátria feliz. Tu conheceste alegrias e dores ao seguir o teu Filho Jesus nas suas peregrinações para semear a vida e o Reino do céu. Por tua intercessão, querida Mãe, pede ao teu amado Filho a graça da saúde aos doentes, o consolo aos tristes, o perdão aos pecadores. Por isso, agradeço-te, Virgem Mãe de Jesus e nossa, Senhora dos Anjos e Rainha do mundo. Sejas bendita para sempre.

Texto bíblico

"Por fim, Jesus apareceu aos Onze, quando estavam sentados à mesa... e disse-lhes: 'Ide por todo o mundo e pregai o Evangelho a toda criatura. Quem crer e for batizado será salvo, mas quem não crer será condenado'. Depois que o Senhor Jesus lhes falou, foi levado ao céu e está sentado à direita de Deus. Os discípulos partiram e pregaram por toda parte. O Senhor cooperava com eles e confirmava a sua palavra com os milagres que a acompanhavam" (Mc 16,14-20).

Documento da Igreja

"A Igreja sabe-o bem, ela tem consciência viva de que a palavra do Salvador, 'Eu devo anunciar a Boa-Nova do Reino de Deus', se lhe aplica com toda a verdade. Assim, ela acrescenta de bom grado com São Paulo: 'Anunciar o Evangelho não é título de glória para mim; é, antes, uma necessidade que se me impõe. Ai de mim, se eu não anunciar o Evangelho'. '[...] a tarefa de evangelizar todos os homens constitui a missão essencial da Igreja'; tarefa e missão que as amplas e profundas mudanças da sociedade atual tornam ainda mais urgentes. Evangelizar constitui a sua mais profunda identidade. Ela existe para evangelizar, ou seja, para pregar e ensinar, ser o canal do dom da graça, reconciliar os pecadores com Deus e perpetuar o sacrifício de Cristo na santa missa, que é o memorial da sua morte e gloriosa ressurreição" (*Evangelii Nuntiandi* 14).

Oração final

Concedei-nos, Senhor, viver mais profundamente os mistérios da Igreja, de maneira que ela seja para toda a humanidade o sacramento eficaz da salvação. Por Cristo, Nosso Senhor.

Pai-Nosso, Ave-Maria, Glória.

Nossa Senhora dos Anjos, rogai por nós.

9º DIA

Maria, saúde dos enfermos

Em nome do Pai, do Filho e do Espírito Santo. Amém.

Oração inicial

Ó Nossa Senhora dos Anjos, Virgem gloriosa e resplendente entre os anjos e santos, na íntima comunhão com a Santíssima Trindade, olha o caminho desta comunidade e da Igreja toda. Nós, peregrinos rodeados de perigos e dificuldades, precisamos ser conduzidos à pátria feliz. Tu conheceste alegrias e dores ao seguir o teu Filho Jesus nas suas peregrinações para semear a vida e o Reino do céu. Por tua intercessão, querida Mãe, pede ao teu amado Filho a graça da saúde aos doentes, o consolo aos tristes, o perdão aos pecadores. Por isso, agradeço-te, Virgem Mãe de Jesus e nossa, Senhora dos Anjos e Rainha do mundo. Sejas bendita para sempre.

Texto bíblico

"Alguém entre vós está sofrendo? Recorra à oração. Alguém está alegre? Entoe hinos. Alguém entre vós está enfermo? Mande chamar os sacerdotes da Igreja, para que orem sobre ele, ungindo-o com óleo em nome do Senhor. A oração da fé salvará o enfermo e o Senhor o restabelecerá. Se ele tiver cometido pecados, receberá o perdão. Confessai, pois, uns aos outros, os vossos pecados, e orai uns pelos outros para serdes curados. A oração fervorosa do justo tem grande eficácia" (Tg 5,13-16).

Documento da Igreja

"Todo homem tem *participação na Redenção*. E cada um dos homens é também *chamado a participar naquele sofrimento*, por meio do qual se realizou a Redenção; [...] Realizando a Redenção mediante o sofrimento, Cristo *elevou* ao mesmo tempo o *sofrimento humano ao nível de Redenção*. Por isso, todos os homens, com o seu sofrimento, se podem tornar também participantes do sofrimento redentor de Cristo. [...] foi no Calvário que o sofrimento de Maria Santíssima, conjunto ao de Jesus, atingiu um ponto culminante dificilmente imaginável [...] sobrenaturalmente fecundo para os fins da salvação universal" (*Salvifici Doloris* 19, 25).

Oração final

Bendito sejais, Senhor Deus, Pai de Jesus, que nos vossos sofrimentos nos salvou. Dai-nos sentir mais perto o vosso amor em meio ao nossos sofrimentos, desânimos e fraquezas. É o que vos pedimos pelas mãos amorosas da Virgem, Nossa Senhora dos Anjos. Amém.

Pai-Nosso, Ave-Maria, Glória.

Nossa Senhora dos Anjos, rogai por nós.

Orações

Oração a Nossa Senhora dos Anjos

Augusta Rainha dos céus,
soberana Senhora dos Anjos,
vós que, desde o primeiro instante
de vossa existência, recebestes
de Deus o poder e a missão
de esmagar a cabeça de Satanás,
humildemente nós vos pedimos:
enviai as legiões celestes dos vossos
santos anjos, para que,
por vosso poder e sob vossas ordens,
persigam os demônios, combatendo-os
por toda parte, reprimindo
sua insolência e lançando-os
nas profundezas do abismo.

Quem é como Deus?
Ó boa e terna Mãe,
sede sempre o nosso amor
e a nossa esperança!

Ó Mãe divina, mandai-nos os vossos santos anjos
para que nos defendam e afastem, para bem
longe de nós, o maldito demônio,
nosso cruel inimigo!

Santos anjos e arcanjos,
defendei-nos e guardai-nos!
Amém.

Filha do teu Filho

Virgem Mãe, por teu Filho procriada,
humilde e superior à criatura,
por conselho eternal predestinada!

Por ti se enobreceu tanto a natura
humana que o Senhor não se desdenhou
de se fazer, de quem criou, feitura.

No seio teu, o amor aviventou-se,
e ao seu ardor, na paz da eternidade,
o germe desta flor assim formou-se.

Meridiana Luz da Caridade
és no céu! Viva fonte de esperança
na terra és para a fraca humanidade!

Há tal grandeza em ti, há tal pujança,
que quer sem asas voe o seu anelo
quem graça aspira em ti sem confiança.

Ao mísero, que roga ao teu desvelo
acode, e, às mais das vezes, por vontade
livre, te praz sem súplica valê-lo.

Em ti misericórdia, em ti piedade,
em ti magnificência, em ti se aduna
na criatura o que haja de bondade.

Ave, estrela do mar
ave, do mar estrela
bendita Mãe de Deus,
fecunda e sempre virgem
portal feliz dos céus.

Ouvindo aquele Ave
do anjo Gabriel,
mudando de Eva o nome,
trazei-nos paz do céu.

Mostrai ser nossa Mãe
levando a nossa voz
a quem por nós nascido,
dignou-se vir de vós.

Virgem gloriosa

À vossa proteção recorremos,
Santa Mãe de Deus;
não desprezeis as nossas súplicas
em nossas necessidades.

Mas livrai-nos sempre
de todos os perigos,
ó Virgem gloriosa e bendita.
Amém.

Ave, Rainha

Ave, Rainha do céu;
ave, dos anjos Senhora;
ave, raiz, ave, porta;
da luz do mundo és aurora.

Exulta, ó Virgem gloriosa,
as outras seguem-te após;
nós te saudamos: adeus!
E pede a Cristo por nós!
Virgem Mãe, ó Maria.

Rua Dona Inácia Uchoa, 62
04110-020 – São Paulo – SP (Brasil)
Tel.: (11) 2125-3500
paulinas.com.br – editora@paulinas.com.br
Telemarketing e SAC: 0800-7010081